AF461486

6 Décembre 1900.

V

VENTE

des Jeudi 6, Vendredi 7 et Samedi 8 Décembre 1900

HOTEL DROUOT, SALLE N° 1

A DEUX HEURES ET QUART

TRÈS BEAUX

MEUBLES & BRONZES

ÉPOQUE & STYLE XVIIIme SIÈCLE

OBJETS D'ART, TABLEAUX

Tapisseries

Me F. LAIR DUBREUIL
COMMISSAIRE-PRISEUR
Successr de Me G. Duchesne
6 — Rue de Hanovre — 6

M. A. BLOCHE
EXPERT
près la Cour d'Appel
28, Rue de Châteaudun, 28

EXPOSITION PUBLIQUE

LE MERCREDI 5 DÉCEMBRE 1900

DE 2 HEURES A 6 HEURES

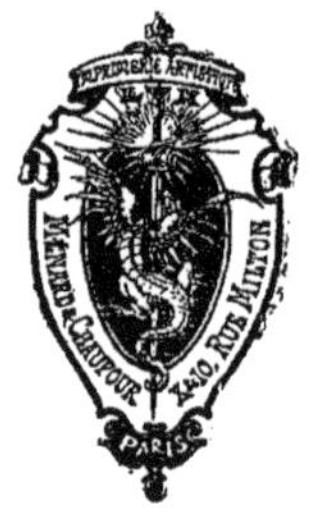

CATALOGUE

DE

TRÈS BEAUX

MEUBLES & BRONZES

ÉPOQUE & STYLE XVIIIe SIÈCLE

Commode de Fontainebleau, d'après Bineman
Salon en bois sculpté, doré et soierie brochée, Trumeaux, Consoles
Tables, Glaces, Sièges variés
Paravents, Commodes, Bibliothèque, Vitrines. Cheminée Henri II
Berceau en fer forgé, Lits.

MARBRES, GROUPES, STATUETTES, BUSTES

Anciennes porcelaines Européennes et de l'Extrême-Orient

Bijoux, Objets de Vitrine

TABLEAUX ANCIENS ET MODERNES

Gouaches, Dessins, Gravures

TAPISSERIES VERDURES ET A PERSONNAGES

Tapis, Etoffes, Tentures

DONT LA VENTE AURA LIEU

HOTEL DROUOT, SALLE 1

Les Jeudi 6, Vendredi 7 et Samedi 8 Décembre 1900

A 2 HEURES 1/4

Me F. LAIR DUBREUIL
Commissaire-Priseur
Successeur de Me G. DUCHESNE
6 — Rue de Hanovre — 6

M. ARTHUR BLOCHE
Expert
près la Cour d'Appel
28, Rue de Châteaudun, 28

Chez lesquels on trouve le présent Catalogue.

EXPOSITION PUBLIQUE

Le Mercredi 5 Décembre 1900, de 2 h. à 6 h.

CONDITIONS DE LA VENTE

Elle sera faite au comptant.

Les acquéreurs paieront 5 o/o en sus du prix d'adjudication.

L'exposition permettant au public de se rendre compte de la nature et de l'état des objets, il ne sera admis aucune réclamation une fois l'adjudication prononcée.

Paris. — Imp. Ménard et Chaufour, 8-10, rue Milton

DÉSIGNATION

MEUBLES

1 — Magnifique commode dite trophée, du château de Fontainebleau, reproduction remarquable de celle des appartements du pape, tout en bois d'acajou moucheté flanquée de chaque côté de faisceaux de licteurs en bois d'amaranthe, ouvrant à deux portes, richement ornée de bronzes ciselés et dorés en forme de cintre sur la façade avec emblêmes guerriers, carquois et étendards, bandeau à guirlandes de feuilles de chêne, fortes moulures et frises, côtés cintrés à encadrements; pieds

à serres d'aigles. Dessus en marbre blanc à moulures et doucines suivant les contours du meuble. style Louis XVI, ayant été exécuté d'après le modèle de G. BINEMAN.

2 — Table ronde en bois d'acajou à quatre pieds gaînes, garnie de guirlandes et de trophées en bronze ciselé et doré, dessus en marbre fleur de pêcher. Style Louis XVI, tirée des cartons de RIESRER.

3 — Table ronde, dite RÉCAMIER, en bronze fond bleui, avec élégante monture en bronze ciselé et doré à pieds de biches. Dessus en marbre fleur de pêché. Style XVIIIe siècle.

4 — Joli ameublement de salon composé d'un canapé, deux fauteuils ef deux chaises en bois sculpté et doré, dossiers à corbeilles avec couronnes de fleurs, rais de cœur et rubans enroulés, couvert en soie crème, rayée et brodée à petits bouquets. Style Louis XVI.

5 — Deux belles bergères à oreillons en bois sculpté et doré, riche dessin, montées à caissons, couvertes en même soierie. Style Louis XVI.

6 — Quatre grands fauteuils, dessins à médaillons, bois sculpté et doré, frontons à trophées, couverts en soierie crème brochée à bouquets détachés. Style Louis XV.

7 — Trumeau en bois sculpté et doré sur fond peint vert, le haut à vase fleuri et enguirlandé sous un drapeau, le bas formant glace. Époque Louis XVI.

8 — Trumeau en bois sculpté peint blanc, fronton à attributs guerriers. Époque Louis XVI.

9 — Console en acajou garni de bronzes dorés, pieds à figures de sphinx, fond de glace, dessus en marbre rouge-griotte. Ier Empire.

10 — Petite table-chiffonnière ouvrant à

trois tiroirs en marqueterie de bois. Époque Louis XVI.

11 — Petite glace en bois sculpté et doré, fronton à corbeille fleurie. Époque Louis XVI.

12 — Deux fauteuils en bois sculpté à contours peints blanc, couverts en étoffe rouge. Époque Louis XV.

13 — Bergère en bois sculpté peint blanc, à contours et fleurs; couverte en satin fond crème brodé à fleurs. Époque Louis XV.

14 — Causeuse en acajou, accotoir à têtes et cols de cygnes, couverte en soierie verte. Ier Empire.

15 — Chaise en bois sculpté Louis XIII, couverte en ancienne tapisserie à fleurs.

16 — Chaise en bois sculpté peint blanc à fleurs et contours, couverte en velours frappé bleu. Époque Louis XV.

17 — Glace biseautée avec cadre du temps de Louis XV en bois sculpté et doré, à rocailles et feuillages.

18 — Glace en bois sculpté à rocailles fleuronnées. Époque Louis XV.

19 — Glace en bois sculpté et doré, fronton à médaillon avec tête d'homme, laurée et guirlande de feuillage. Époque Louis XVI.

20 — Glace en bois sculpté et doré, fronton à attributs champêtres. Époque Louis XVI.

21 — Petite glace, cadre en bois sculpté et doré. Époque Louis XV.

22 — Chaise longue en bois sculpté peint gris. Époque Louis XVI.

23 — Paravent-triptyque en noyer sculpté à contours et rocailles, le bas en soierie brochée, le haut à glaces. Style Louis XV.

24 — Petite commode de poupée en bois sculpté, à trois rangées de tiroirs, dessus en brocatelle d'Espagne. Époque Louis XV.

25 — Petite armoire normande de poupée en bois sculpté.

26 — Papeterie en bois noir incrusté de cuivre. Louis XV.

27 — Deux chaises en acajou et bois doré, figures de sphinx. Ier Empire.

28 — Meuble d'entre-deux forme demi-lune en vernis Martin fond noir, à amours sur les côtés et médaillon à figure de jeune fille, garni de bronzes. Époque Louis XVI.

29 — Console en bois sculpté et doré à guirlandes de laurier, dessus en marbre gris. Époque Louis XVI.

30 — Meuble de salon en bois noir sculpté de style Louis XVI, recouvert en velours frappé rouge.

31 — Bibliothèque en bois noir à moulures.

32 — Table de salon en bois noir orné d'incrustations de cuivre et de nacre. Style Louis XVI.

33 — Glace de salon, cadre en bois noir et or, de même style.

34 — Meuble-vitrine en bois noir, orné de bronzes, sur quatre pieds cannelés.

35 — Table de style Louis XVI en bois sculpté et doré, dessus en marbre rouge, pieds reliés par un entre-jambe.

36 — Table en bois sculpté peint blanc rehaussé d'or. Style Louis XVI.

37 — Belle console Louis XV en bois sculpté et doré à dessus de marbre.

38 — Grande cheminée en noyer sculpté style Henri II, montants à colonnes supportant un entablement à coquilles et feuillages; l'entourage du foyer en céramique fond vert est surmonté d'un bandeau en ancienne tapisserie d'Aubusson.

39 — Grand buffet en chêne sculpté à étagères sur les côtés.

40 — Berceau en fer forgé. Époque Louis XVI.

41 — Grand fauteuil bois sculpté et doré, couvert de velours rouge. Époque Louis XIV.

42 — Lit en bois sculpté, XVIe siècle.

43 — Deux grandes consoles en bois sculpté et doré. Époque Louis XV.

44 — Console d'applique en bois sculpté. Époque Louis XIV.

45 — Glace avec cadre en bois sculpté et doré. Époque Louis XV.

46 — Glace avec cadre de l'époque du 1er Empire.

47 — Glace avec cadre en noyer sculpté. Époque Louis XIV.

48 — Devant de tabernacle en bois sculpté et doré, XVIIIe siècle.

49 — Trois cadres en bois sculpté et doré, XVIe siècle.

50 — Lit en bois sculpté offrant au fronton une couronne de fleurs, et sur les montants des aigles.

51 — Deux balustrades en velours rouge avec applications de broderie.

52 — Chaises en bois doré.

53 — Grande table Henri II, chêne sculpté, pieds tors.

BRONZES, SCULPTURES

54 — Paire de grands et superbes bras d'appliques à trois lumières, en bronze ciselé et doré se détachant en forme de rinceaux feuillagés et enguirlandés d'un carquois à culot pomme de pin, style Louis XVI, du Palais de Fontainebleau.

55 — Paire de beaux vases en marbre vert clair, forme ovoïde avec couvercles, montés en bronze ciselé et doré, anses à têtes de béliers, frises et guirlandes, culots et boutons à fruits et feuillages. Style Louis XVI.

56 — Paire de grands vases forme de Sèvres, style Louis XVI, fond gros bleu avec médaillons à portraits historiques, guirlandes de lauriers et rehauts d'or.

57-58 — Deux Christ bois sculpté sur croix.

59 — Deux chiens de Fôo en ancien blanc de Chine.

60 — Christ sur croix, en ivoire sculpté, dans son cadre en bois sculpté et doré à nœud de rubans. Epoque Louis XVI.

61 — Encrier à deux godets, anse formée par une figurine de nymphe dansant, en bronze doré. Ier Empire.

62 — Encrier en bronze forme caniche. Ier Empire.

63 — Deux petites figurines d'enfants dansant en bronze doré, sur socles en marbre rouge. Louis XVI.

64 — Cadre en bois sculpté, fronton à nœud de rubans. Style Louis XVI.

65 — Pendule d'applique avec son socle en en vernis Martin, fcnd vert à fleurs, garni de bronzes. Epoque Louis XV.

66 — Pendule en bronze doré à figure de nymphe et d'amour regardant un couple de colombes. Ier Empire.

67 — Joli têtê à tête en ancienne porcelaine de Saxe à fleurs, modèle à rocailles, composé d'un plateau, d'un sucrier, d'un pot à crême, deux tasses avec leurs soucoupes.

68 — Cartel Louis XV en bronze ciselé à rocailles fleuries surmonté d'une figurine d'enfant.

69 — Deux presse-papiers en bronze doré,

enfants couchés, socles en marbre rouge. Louis XVI.

70 — Pichet écritoire forme tour, en bronze. Ier Empire.

71 — Pot forme soldat en porcelaine de Paris.

72 — Buste en terre cuite : *Madame de Lamballe.*

73 — Petit buste en marbre : *La Rieuse,* d'H. Moreau.

74 — Petit groupe d'enfants en bronze, socle en marbre noir.

75 — Statuette en bronze : *Jeune garçon tenant un livre.*

76 — Paire de flambeaux en bronze formé par des figures de tritons assis sur des tortues et portant des coquillages.

77 — Presse-papiers en bronze, forme bouc.

78 — Groupe en bronze : *Poule et poussins*. A. Arson.

79 — Paire de flambeaux en bronze ciselé et doré à rocailles. Epoque Louis XV.

80 — Paire de flambeaux en bronze à guirlandes, feuillages et perlés. Epoque Louis XVI.

81 — Deux statuettes d'enfants portant des cornets en porcelaine d'Allemagne.

82 — Tasse et soucoupe lobée en ancienne porcelaine de Sèvres à fleurs, bordure à filets bleus et dorés.

83 — Coupe forme coquille en ancienne porcelaine de Sèvres à bouquets de fleurs détachés.

84 — Assiette en ancienne porcelaine de Sèvres à fleurs, bordure à rocailles dorées.

85 — Plat en ancienne porcelaine de Sèvres,

pâte dure à bouquets de fleurs, bordure à filets bleus.

86 — Groupe de trois enfants, en biscuit de Niederwiller.

87 — Chat assis, en grès émaillé de Chine.

88 — Chope avec couvercle, en porcelaine de Dresde, à fleurs.

89 — Theière et sucrier, en biscuit de Wedgwood, fond bleu à personnages.

90 — Sucrier en grès émaillé noir, bouton en argent.

91 — Saucière en ancienne faïence de Strasbourg, à fleurs.

92 — Lion assis, en terre cuite, XVIIIe siècle.

93 — Statuette de nymphe drapée en bronze, la main gauche posée sur une boule.

94 — Beurrier sur plateau adhérent en ancienne porcelaine de Boisette, à fleurs.

95 — Assiette en porcelaine Barbot, à fleurs, bordure ondulée.

96 — Coupe sur piédouche, en faïence italienne, à fleurs.

97 — Deux compotiers, en ancienne porcelaine de Chine, à fleurs.

98 — Deux assiettes vieux Chine, décor en bleu.

99 — Assiette en ancienne porcelaine à la Reine, décor à semis de fleurs.

100 — Coupe forme feuille, en porcelaine de Locré, décor en bleu dans le goût chinois.

101 — Saladier en ancienne faïence de Nevers.

102 — Deux petits plats oblongs, en faïence, à petits personnages.

103 — Deux plats, en vieux Rouen, décor en bleu.

104 — Sucrier en faïence de Moustier, poignée forme fruits.

105 — Tasse et soucoupe en porcelaine de Saxe Marcoloni, à fleurs, bordure à rubans enroulés.

106 — Pigeon en faïence italienne.

107 — Petite buire, en faïence italienne.

108 — Salière en faïence italienne, posant sur des lions couchés.

109 — Tasse et coupe, en vieux Chine, famille rose à personnages.

110 — Deux tasses et soucoupes, en porcelaine blanche à filets dorés.

111 — Sabot en ancienne faïence de Nevers.

112 — Vache en vieux Saxe.

113 — Petite figurine d'enfant, en ancienne porcelaine blanche.

114 — Christ en ivoire, XVIIe siècle.

115 — Saucière en faïence à fleurs, bordure à feuilles de choux.

116 — Pichet en vieux Nevers, à fleurs.

117 — Trois petits pots à crème, en ancienne porcelaine de Saint-Cloud, décor en bleu.

118 — Paire de flambeaux à figures d'enfants, en bronze portant des branches en fer forgé à deux lumières, agenouillés sur des socles, en marbre blanc. Époque Louis XVI.

119 — Petit nécessaire de dame, en nacre dans une boîte en thuya. Ier Empire.

120 — Coffret à odeurs en onyx garni de bronzes et de malachites.

121 — Petite figurine de crapaud musicien en porcelaine d'Allemagne.

122 — Plat en cuivre repoussé offrant au centre un agneau avec inscription. XVIIe siècle.

123 — Plaque en bronze : Bonaparte sur le mont Saint-Bernard, cadre en bronze,

avec un fronton formé par un aigle aux ailes déployées.

124 — Deux groupes de lions en terre cuite XVIIIe siècle.

125 — Deux candélabres Louis XIII, en cuivre à trois lumiéres.

126 — Sucrier, carafon et verre en cristal taillé.

127 — Trois poupées italiennes en terre cuite et étoffes. XVIIIe siècle.

128 — Lampe d'autel en cuivre argenté. Epoque Louis XIV.

129 — Buste en marbre. Portrait de femme Louis XV.

130 — Statuette en terre cuite, grandeur demi-nature : *La Source*, signée Arthur MARIO.

131 — Statuette en terre cuite : *la Danseuse au tambourin*, de Arthur MARIO.

132 — Statuette en marbre : *Le Printemps.*

133 — Garniture de cheminée en bronze ciselé et doré, ornée de plaques en porcelaine décorée, composée de : une pendule de forme monumentale et deux candélabres.

134 — Paire d'appliques en bronze ajouré à cinq lumières, dessin à fleurs et fleuillage et cariatides de femmes. Style Henri II.

135 — Paire de girandoles à sept lumières, en cuivre poli.

136 — Buste en marbre blanc de Madame Henriette de Bourbon-Conti.

137 — Statuette en marbre *Flora Borghère.*

138 — Groupe en marbre blanc, par Hippolyte MOREAU, *Enfant à la coquille.*

139 — Deux petits bustes de femmes en terre cuite, sur socles en bois noir.

140 — Deux statuettes de saints en bois sculpté.

141 — Émail sur cuivre, buste de femme, cadre guilloché d'époque Louis XIII.

142 — Pot à tabac en grès, à figures de priseuses en relief.

143 — Très belle suspension de salle à manger en fer forgé.

144 — Beaux lustre en bronze et cristaux.

145 — Paire de girandoles en bronze et cristaux.

146 — Pendule en bronze doré à figure d'Orphée. Époque Ier Empire.

147 — Lampe de parquet en bronze ciselé et doré.

148 — Trois écuelles anciennes en étain.

149 — Six assiettes anciennes en étain.

150 — Lampe d'autel en cuivre repoussé. Époque Louis XIV.

151 — Buste de sainte Vierge en bois sculpté et peint. XVe siècle.

152 — Statuette d'un soldat de la Révolution en biscuit.

153 — Christ ancien en ivoire sculpté sur fond de velours.

154 — Paire de vases en barbotine, décor à fleurs en relief.

155 — Statuette équestre en bronze représentant le Coleoni.

156 — Paire de beaux chenêts en bronze Louis XVI, formés par des figurines de Faunes portant un brûle-parfum.

157 — Pendule Louis XVI surmontée d'un groupe en bronze : *Nymphe et Amours*

158 — Statuette en bronze : *Salomé*, signée DUMEIGE.

159 — Pendule en bronze surmontée d'un groupe : *L'Amour à l'urne*, de CARRIER-BELLEUSE.

160 — Jardinière Louis XVI en bronze ciselé

161 — Buste en bronze : *Le jeune guerrier.*

162 — Statuette en marbre : *Ange en prière* signée PANPALON.

163 — Buste de pape en bois sculpté et doré. XVIe siècle.

164 — Plaque en cuir repoussé représentant le Christ, cadre en bois. XVIe siècle.

165 — Petite peinture sur verre représentant le Christ. XVIIe siècle.

166 — Trois seaux en cuivre repoussé. XVIIe siècle.

167 — Moule en cuivre.

168 — Lampe juive en cuivre.

169 — Bassin en cuivre. XVIIe siècle.

170 — Sept plats en cuivre à ombilics (seront divisés).

171 — Deux grandes appliques en bois sculpté et doré forme cornes d'abondance. XVIe siècle.

172 — Deux plats en étain gravé à écussons.

173 — Statuette en bronze de l'Empire représentant un sculpteur.

174 — Buste de femme en bois sculpté et doré. XVIe siècle.

175 — Buste en bois sculpté : *Le Christ*. XVIe siècle.

176 — Suspension à gaz en bronze, avec son abat-jour.

177 — Deux œils-de-bœuf.

178 — Buste de femme en marbre sculpté.

179 — Deux candélabres en marbre blanc formés par des statuettes d'enfant portant des branches de lumières.

180 — Lanterne d'antichambre en cuivre repoussé à têtes d'hommes et de femmes.

181 — Christ en ivoire dans un cadre en bois sculpté orné de glaces, décor à instruments de martyrs.

182 — Plat byzantin du XVIe siècle en cuivre repoussé, représentant Adam et Ève.

183 — Couverture de livre byzantin ornée de peintures.

184 — Couverture de livre offrant sur chaque face des portraits d'hommes de l'époque Louis XIII.

185 — Lettre de déclaration de naturalisation sur parchemin avec sceau royal, dans un étui en fer blanc. Époque Louis XIII.

186 — Lampe byzantine Louis XIII en bronze, chaîne à tête de femmes.

187 — Statuette en bronze. Époque Ier Empire.

188 — Plat en ancienne faïence italienne, décor au guerrier.

189 — Groupe ancien en bronze : Mousquetaires jouant aux dés, socle en noyer.

190 — Petit plat vénitien en cuivre repoussé. XVIe siècle.

191 — Deux plats en faïence italienne, à têtes de guerrier et de femme.

192 — Cinq plats en ancienne faïence hispano-mauresque à reflets métalliques.

193 — Lot de pièces étrusques.

194 — Plat ancien en émail cloisonné.

195 — Deux boîtes en terre cuite, forme tombeaux romains, à sujets de batailles en relief.

196 — Groupe en bronze de Clodion : *Les Enfants de Bacchus*. Socle en marbre, rouge.

BIJOUX, OBJETS DE VITRINE

197 — Bague en argent garni de strass. Époque Louis XVI.

197 *bis* — Boucle en argent garni de strass. XVIIIe siècle.

198 — Boucle en argent faceté. XVIIIe siècle.

199 — Jolie miniature ovale : Portrait de jeune fille, cadre en or.

200 — Médaillon pendentif en argent garni de strass, avec émail orné de guirlandes de fleurs. Époque Louis XVI.

201 — Miniature : Portrait d'homme du Ier Empire, cadre en bois noir.

202 — Miniature : Portrait d'homme à perruque et costume bleu. Époque Louis XVI.

203 — Miniature : Portrait de jeune femme en robe bleue.

204 — Éventail en ivoire sculpté et ajouré à petits personnages, feuille avec peinture représentant les joueurs de cartes. Époque Louis XVI.

205 — Petit éventail en corne. Ier Empire.

206 — Montre en or ciselé de couleur avec émail : Portrait de jeune fille, cadran entouré de roses. Époque Louis XVI.

207 — Bonbonnière en écaille garnie d'or, couvercle orné d'une miniature : Portrait de femme tenant un livre. Époque Louis XVI.

208 — Bonbonnière en écaille, couvercle orné d'un bas-relief en ivoire sculpté. Époque Louis XVI.

209 — Petite boîte ovale en cuivre repoussé. Époque Louis XV.

210 — Nécessaire en cuir noir garni d'argent. Époque Louis XV.

211 — Bonbonnière en ivoire, intérieur en

écaille, couvercle avec miniature représentant une nymphe et un amour.

212 — Porte-burettes en argent repoussé de style Louis XV.

213 — Trois porte-montres bronze doré. Époque Ier Empire.

214 — Éventail en ivoire sculpté, feuille à l'aquarelle. Époque Louis XVI. Incomplet.

215 — Tour de cou en velours orné de six coulants en argent doré et émaillé enrichi de turquoises et perles fines.

216 — Boucle de ceinture en argent doré et émaillé de trois grosses perles fines et dix émeraudes.

217 — Boucle de ceinture en argent doré et émaillé enrichie de neuf perles fines et de dix émeraudes.

218 — Boucle de ceinture en argent doré et

émaillé enrichie d'un saphir de douze turquoises et de deux perles.

219 — Chaîne-pendeloque en argent doré et émaillé enrichie de turquoises, émeraudes et perles fines.

220 — Sautoir en argent doré et émaillé enrichi de cinq perles fines et de saphirs.

221 — Collier avec pendeloque en argent doré et émaillé enrichi de perles fines, émeraudes et rubis.

222 — Jolie miniature ronde sur ivoire représentant une femme à coiffure haute et bouclée avec voile lui tombant sur les épaules.

223 — Miniature ovale sur ivoire représentant une jeune femme du temps de Louis XVI avec fichu sur les épaules et voile dans les cheveux.

TABLEAUX

ALBANE

224 — *Les Baigneuses.*

Cadre bois sculpté.

ANDRADÈ

225 — *Enfants au bord de la mer.*

AUBRY

226 — *Episode de la bataille de Fribourg.*

Signé et daté. Cadre bois sculpté.

AUBURTIN (F.)

227 — *La Céramique.* Peinture décorative.

BERGHEM (N.) (attribué à)

228 — *La Halte à la fontaine.*

BOUCHER (Ecole de)

229 — *Jeune fille et enfants.*

Cadre en bois sculpté.

BOUCHER (Genre de)

230 — *Amours.*

CAILLAUD

231 — Christ, livre d'heures, encensoir, calice, ciboire et autres objets de culte.

CANUET (L.)

232 — *Tentation.* Salon de 1894.

233 — *Coquetterie.* salon de 1899.

234 — *Le Marchand d'oranges.*

CHARDIN (Attribué à)

235 — *Portrait d'homme à perruque.*

Dessin à la Sanguine.

COROT (Genre de)

236 — *Paysages.*

Deux études.

DAUBIGNY (Genre de)

237 — *Paysage.*

DIAZ (École de)

238 — *Jeunes filles orientales dans un parc.*

DIAZ (Genre de)

239 — *Paysage.*

FRAGONARD (École de)

240 — *L'Amour ingénieux.*

Gravure en couleur, par Farey

FRAGONARD (École de)

241 — *Scène champêtre.*

Dessus de porte.

GALARD-LEPINAY

242 — *Marine.* Vue de Venise.

GLAIZES (Léon)

243 — *Étude de femme nue.*

Dessin.

GREUZE (École de)

244 — *La Diseuse de bonne aventure.* Sépia

HERVIER

245 — *Paysage.*

KAUFFMANN (D'après Angelica)

246 — *Retour d'Arminius.*

247 — *La mort de Pallas.*

Deux gravures en couleur.
Cadre en bois sculpté de l'époque Louis XIV

KAUFFMANN (D'après Angelica)

248 — *Cymon et Iphigénie.*

Gravure en couleur, par Legrand.

LAGRENÉE (D'après).

249 — *Les enfants chéris.*

250 — *La tendre mère.*

Deux gravures en couleur, par BONNET.

LAURENT (D'après)

251 — *Napoléon et Joséphine.*

Deux gravures en couleur.

LEMOINE

252 — *Minerve.*

Sanguine.

LEVILLY

253 — *Une pucelle.*

Gravure en couleur.
Cadre en bois sculpté Louis XVI.

MARCHAIS

254 — *Les Amours à la cible.*

MATSYS (Attribué à Quentin)

255 — *Descente de croix.*

Panneau.

MONNOYER (Attribué à Baptiste)

256 — *Vase de fleurs.*

PERRAULT (Léon)

257 — *La petite marchande d'oranges.*

Dessin.

PILLEMEMT

258 — *Motif d'ornement.*

Gouache.

RAOUX (École de)

259 — *Cérès et une nymphe.*

REITHER (O. de)

260 — *Jeune femme les yeux levés vers le ciel.*

RENOIR (?)

261 — *Femme et enfant dans un paysage.*

ROQUEPLAN (Attribué à)

262 — *L'âtre.*

ROSIER (A.)

263 — *Port de mer à marée basse.*

ROUSSEAU (Ph.)

264 — *Gibiers morts.*

SCHALL (d'après)

265 — *Nymphes au bain.*

Gravure en couleur.

SEGÉ (A.)

266 — *Chasseurs et chiens dans un paysage.*

SERRES (Antony)

267 — *Pauvres gens.*

TENIERS (Ecole de)

268 — *Le Mendiant.*

VAN BLARENBERGHE

269 — *Vue de ville avec cours d'eau.*

Gouache.

VERNET (HORACE)

270 — *Portrait de Napoléon Ier.*

WOUWERMANS

271 — *Le Départ.*

ÉCOLE ANCIENNE

272 — *La Ronde des Amours.*

Gouache.

ÉCOLE ANGLAISE

273 — *Portrait d'homme à perruque.*

ÉCOLE ANGLAISE

274 — *Réflexion.*

Dessin au crayon réhaussé d'aquarelle.

ÉCOLE ANGLAISE

275 — *Le Roi Georges.*

Gravure en noir.

ÉCOLE FLAMANDE

276 — *Vénus et Adonis.*

ÉCOLE FRANÇAISE

277 — *Portrait de Louis XVI* donné par le Roi à M. Douet de Laboullaye intendant d'Auch.

ÉCOLE FRANÇAISE

278 — *Natures mortes.*

Deux gouaches se faisant pendants.

ÉCOLE FRANÇAISE

279 — *Femme à la cruche.*

ÉCOLE FRANÇAISE

280 — *Allégorie à l'amour*

ÉCOLE FRANÇAISE

281 — *Portrait de femme tenant une rose.*

ÉCOLE FRANÇAISE

282 — *Portrait de Philippe, roi d'Espagne.*

ÉCOLE FRANÇAISE

283 — *Portrait de femme en costume de brocart Louis XV.*

ÉCOLE FRANÇAISE

284 — *Portrait de femme de la Restauration.*

ÉCOLE HOLLANDAISE

285 — *Marine.*

ÉCOLE ITALIENNE

286 — *Portrait de femme.*

ÉCOLE ITALIENNE

287 — *Paysage avec un troupeau.*

ÉCOLE ITALIENNE

288 — *Tête d'homme coiffée d'un bonnet rouge.*

ÉCOLE MODERNE

289 — *Le Chemin du Calvaire à Fontainebleau.*

ÉCOLE MODERNE

290 — *Vues de Suisse.*

Deux pendants

ÉCOLE MODERNE

291 — *Les Saltimbanques.*

ÉCOLE VÉNITIENNE

292 — *Portrait de Doge.*

ÉCOLE DU XVIe SIÈCLE

293 — *Christ à la croix.*

Cadre ancien en bois sculpté.

ÉCOLE DU XVIe SIÈCLE

294 — *Scène du Nouveau Testament.*

Peinture sur fond d'or.

295 à 300 — Carton contenant environ cinquante dessins et gravures anciens de différentes écoles.

Seront divisés.

TAPISSERIES

301 — Panneau en ancienne tapisserie de la Renaissance représentant une chasse, composition de nombreux animaux fantastiques et autres, encadrement à personnages sur gaînes et mascarons, fronton à chutes de fruits et personnages.

302 — Portière en tapisserie verdure, avec vue de maison.

303 — Panneau en ancienne tapisserie à grands personnages.

304 — Panneau en ancienne tapisserie représentant un amour, bordure à fleurs sur un côté.

305 — Panneau en ancienne tapisserie verdure représentant des arbres feuillagés.

306 — Portière en ancienne tapisserie avec personnages, bordure à fleurs sur deux côtés.

307 — Panneau en ancienne tapisserie représentant des volatiles dans un paysage, avec vue de maisons en perspective,

308 — Petit panneau en ancienne tapisserie représentant le Renard et le Corbeau.

309 — Fragment de tapisserie ancienne représentant des branchages feuillagés.

310 — Panneau en ancienne tapisserie, perroquets et écureuil.

311 — Portière en ancienne tapisserie avec volatile et vue de maison.

312 — Portière en ancienne tapisserie représentant un bateau à voile et rocher avec pagode.

313 — Tapisserie ancienne représentant un volatile dans un paysage avec vue de château en perspective.

314 — Panneau en tapisserie ancienne représentant des personnages assis sur des chameaux.

315 — Tapisserie ancienne verdure, bordure sur deux côtés, fond rouge à coquilles feuillagées.

316 — Fragment de tapisserie ancienne représentant des volatiles et des cerfs.

317 — Lot de bordures en ancienne tapisserie (sera divisé).

318 — Deux portières en tapisserie verdure moderne, décor à paysage, cerf et oiseaux aquatiques. Bordure à guirlandes de fruits.

319 — Portière en même tapisserie représentant *l'oiseau mis en cage*. Encadrement Louis XV, bordure à ornements et écussons.

320 — Deux tapis d'Orient, dessin polychrome, fond bleu, bordures rouges.

321 — Six garnitures de fauteuils en faille bleu ciel, finement brodée.

322 — Cantonnière en velours rouge garni d'applications d'argent.

323 — Selle en velours rouge richement brodé d'argent doré à rinceaux feuillagés XVIIe siècle.

324 — Dix morceaux de soieries anciennes.

325 — Deux morceaux d'applications de soie et d'argent.

326 — Lot de brocatelle.

327 — Tapis d'Aubusson.

328 — Carpette orientale.

329 — Objets omis.

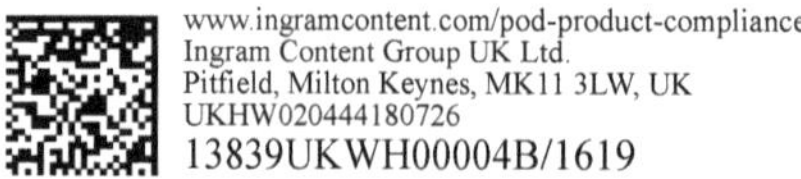
www.ingramcontent.com/pod-product-compliance
Ingram Content Group UK Ltd.
Pitfield, Milton Keynes, MK11 3LW, UK
UKHW020444180726
13839UKWH00004B/1619